BEI GRIN MACHT SICH IHR
WISSEN BEZAHLT

- Wir veröffentlichen Ihre Hausarbeit,
  Bachelor- und Masterarbeit

- Ihr eigenes eBook und Buch -
  weltweit in allen wichtigen Shops

- Verdienen Sie an jedem Verkauf

Jetzt bei www.GRIN.com hochladen
und kostenlos publizieren

Carl Weiland

Die Provinz Québec. Zustandekommen und Auswirkung der Zweisprachigkeit

GRIN Verlag

Bibliografische Information der Deutschen Nationalbibliothek:

Die Deutsche Bibliothek verzeichnet diese Publikation in der Deutschen National-
bibliografie; detaillierte bibliografische Daten sind im Internet über http://dnb.d-
nb.de/ abrufbar.

Impressum:

Copyright © 2015 GRIN Verlag GmbH
Druck und Bindung: Books on Demand GmbH, Norderstedt Germany
ISBN: 978-3-656-97850-3

Dieses Buch bei GRIN:

http://www.grin.com/de/e-book/299472/die-provinz-quebec-zustandekommen-und-
auswirkung-der-zweisprachigkeit

GRIN - Your knowledge has value

Der GRIN Verlag publiziert seit 1998 wissenschaftliche Arbeiten von Studenten, Hochschullehrern und anderen Akademikern als eBook und gedrucktes Buch. Die Verlagswebsite www.grin.com ist die ideale Plattform zur Veröffentlichung von Hausarbeiten, Abschlussarbeiten, wissenschaftlichen Aufsätzen, Dissertationen und Fachbüchern.

Besuchen Sie uns im Internet:

http://www.grin.com/

http://www.facebook.com/grincom

http://www.twitter.com/grin_com

Inhaltsverzeichnis

1. Einleitung

Zweisprachige Verkehrs- und Hinweisschilder - die Provinz Québec in Kanada ist für ihre Zweisprachigkeit bekannt. Da es mich interessiert zu sehen, wie mit zwei unterschiedlichen Sprachen in einer Region kommuniziert wird, entschied ich mich für dieses Thema. Was für ein Problem stellt diese Zweisprachigkeit für Mitbürger, Einwanderer und Urlauber dar und wie kam diese Zweisprachigkeit in dieser Region zu Stande? Im Folgenden wird in dieser Facharbeit zunächst die Provinz Québec vorgestellt. Des Weiteren werde ich mich mit den Unterschieden zwischen dem normalen und dem Quebecer Französisch beschäftigen. In einer Umfrage untersuchte ich, was die deutschen und US-amerikanischen Bürger über eine Zweisprachigkeit denken und ob sie eine neue Sprache erlernen würden, wenn ihr Mutterland sich bilingual entwickelt.

2. Die Provinz Québec

2.1 Bedeutende Städte

2.1.1 Québec (Stadt)

Die Hauptstadt der Provinz[1] weist durch ihre Kultur, ihre Musik, die Kirche[2] und ihre bretonischen Bauten eine französische Präsenz auf.[3] Die Landschaft ist durch ihre[2] „tosenden Wasserfälle, klaren Seen und großen Wäldern"[4] einzigartig. Die von der UNESCO zum Weltkulturerbe erklärte Stadt bietet ein europäisches Erscheinungsbild. Die bekanntesten Sehenswürdigkeiten sind wahrscheinlich das mit Kupferdächern und Türmen bestückte Nobelhotel Château Frontenac, welches über 100 Jahre alt ist und einen perfekten Blick auf den Sankt-Lorenz-Strom bietet, der Place Royale, welcher Nordamerikas älteste steinerne Kirche, die Notre-Dame-des-Victoires, sowie Boutiquen und Bistros, wie im Montmartre-Viertel in Paris beherbergt oder auch die Wasserfälle von Montmorency, welche an einer Felswand 83m tief in den Sankt-Lorenz-Strom münden.[2]

2.1.2 Montreal

Die 1642 entstandene Stadt, die damals noch Ville-Marie hieß[5], ist eine der größten in Québec und die zweitgrößte[6] „französischsprachige [...] der Welt"[7]. Montreal handelt viel mit landeseigenen Pelzen, die dann für die Verschiffung in die europäischen Staaten verfrachtet werden. „Seit dem 19. Jahrhundert"[8] industrialisiert sich die Metropole immer weiter, welche damals in Armen- und

---

[1] Steilberg, Hays A., Dr., Chronik Handbuch Amerika, Gütersloh/München, 1998, S. 88
[2] Vgl. AIDAbella, Land in Sicht – Die schönsten Orte Ihrer Reise, 2014
[3] Axt, Heinz-Jürgen, Dr., Das Länderlexikon, Gütersloh/München, 1999, S. 74
[4] AIDAbella, Land in Sicht – Die schönsten Orte Ihrer Reise, 2014
[5] Vgl. Axt, a.a.O., S. 68
[6] Vgl. Steilberg, a.a.O., S. 88f
[7] Steilberg, a.a.O., S. 89
[8] Axt, a.a.O., S. 74

Nobelviertel eingeteilt war. In den Armenvierteln lebten die Frankokanadier, welche in der Industrie tätig waren und in den Nobelvierteln lebten die Anglokanadier.[9]

2.2 Geographie und Natur

Mit einer Fläche von 1.540.568 km² [10], was „15% [...] von ganz Kanada"[11] entspricht, ist Québec die größte Provinz in ganz Kanada.[10] Somit ist sie 4-mal so groß wie Deutschland. Die Nord-Süd-Ausdehnung beträgt 1930km und die Ost-West-Ausdehnung 1610km.[12] Im Norden der Provinz findet man das Territorium Nunavut, sowie den arktischen Ozean[13], im Süden die US-Staaten Vermont und New York, im Westen die Provinz Ontario und die Hudsonbay und im Osten die Halbinsel Labrador und die Provinzen Neufundland und New Brunswick.[14]

Das Urzeitgebirge Laurentia und ein Teil des kanadischen Schildes, die Appalachen, sowie die St. Lawrence Lowlands sind die 3 Großregionen Québecs. Die Hochfläche des Urzeitgebirges und des Teils des kanadischen Schildes besitzt zahlreiche Gewässer und ist bis ca. 1000m hoch. Ganz im Süden der Provinz befinden sich die, bis zu Neufundland reichenden, Appalachen, welche zwischen 970m und 1270m hoch sind. Die St. Lawrence Lowlands liegen zwischen den beiden anderen Großregionen und sind das Gebiet, welches am frühesten besiedelt wurde.[14]

2.3 Klima und Vegetation

Die Beeinflussung des Klimas in der Provinz hängt größtenteils von der nördlichen Lage und dem kühlen Labrador-Strom ab. Die subarktischen Regionen lassen sich vor allem im Norden finden, wo es meist zu ziemlich eisigen Wintern und frischen Sommer kommt. Durch die wenig vorhandenen Höhenunterschiede im Süden kommt es zu freikreisenden Luftströmungen, die dann erhebliche Klimaveränderungen hervorrufen.[15]

Die Vegetationszonen unterscheiden sich voneinander sehr.[16] „Im Tal des Sankt-Lorenz-Stroms"[17] herrscht eine umfangreiche Landwirtschaft mit Obst- und Gemüseanbau. Nach Norden hin lässt die Artenvielfalt der Bäume immer weiter nach. Das heißt, dass sich nördlich der Landwirtschaft Podsolböden mit Mischwäldern[16], „die zwei Drittel [...] Québecs einnehmen"[17], bilden. Ganz im Norden, nachdem die Wälder ihre Artenvielfalt fast komplett verloren haben[16], findet man „von Moosen und Flechten bewachsene Tundra-Regionen"[18].

---

[9] Vgl. Axt, a.a.O., S. 74
[10] Vgl. Steilberg, a.a.O., S. 88f
[11] Steilberg, a.a.O., S. 89
[12] Vgl. Strauss, Ralf, Zur Entwicklung der französischen Sprache in Kanada, Berlin, 1997, S. 3
[13] http://www.ph-ludwigsburg.de/html/2b-frnz-s-01/overmann/baf4/quebec/geographie/geo2/Frameset_geographie.htm, 09.10.2014
[14] Vgl. Abend, Bernhard, Dr., Allianz Reiseführer Kanada, Ostfildern, 1993, S. 644f
[15] Vgl. Abend, a.a.O., S. 645f
[16] Vgl. Abend, a.a.O., 646
[17] Abend, a.a.O., S. 646
[18] Abend, a.a.O., S. 646

2.4 Wirtschaft

Die Wirtschaft Québecs wird durch die drei bedeutendsten Faktoren Wald, Bergbau und Wasser bestimmt. Die Provinz nutzt die Hälfte ihrer Wälder als sogenannte Nutzwälder. Dadurch beteiligt sich Québec auch zu einem Fünftel an der Produktion für Zeitungspapier, welches in die ganze Welt geschickt wird.[19] Der Bergbau zeichnet sich durch die vielen Rohstoffvorkommen, wie Kupfer, Gold und Asbest, aus. Des Weiteren wird die Energie hauptsächlich aus Wasserenergie gewonnen. Deshalb gibt es große Wasserkraftwerke entlang des Sankt-Lorenz-Stroms. Die Landwirtschaft ging in den letzten Jahren deutlich zurück, da der Anteil der Bauern von über 70% im 19. Jahrhundert auf unter 30% heute gesunken ist.[20]

3. Geschichte

3.1 Entdeckungen (ab 1000)

Die ersten Entdecker die die Ostküste Nordamerikas erkundeten waren normannische Seefahrer[21], welche auch die Männer des Nordens oder Wikinger genannt werden.[22] Christoph Kolumbus stieß 1492 auf Amerika, was den Kontinent „Nordamerika zum Spielball der Interessen"[23] für die europäischen Länder Spanien, England und Frankreich machte. 1497 nahm John Cabot die Ostküste Neufundlands für England ein, was die Erforschung Kanadas hervorrief.[21]

3.2 Québec als Teil von Frankreich (1534-1763)

Schon bald wurde Frankreich eifersüchtig auf das von Spanien erbaute Imperium und schickte nach zwei misslungenen Forschungsreisen Jacques Cartier nach Amerika.[24] Von 1534 bis 1541 „befuhr [...] Cartier den Sankt-Lorenz-Strom"[25] und beanspruchte ganz Kanada für Frankreich.[24] Die französische Sprache breitete sich immer weiter aus und die Franzosen sahen eine günstige Chance darin, mit dem hohen Biberpelzvorkommen zu handeln und somit Profit zu machen.[26] 1542 schwindet das Interesse an der Region, da Cartier nach seiner 3. Reise nur mit nutzlosen Mineralien zurück kam[27] und folglich lässt die Entwicklung der französischen und der englischen Sprache auf dem Kontinent nach. Jedoch fand Cartier um 1537 einen direkten Weg ins Innere Nordamerikas über den Sankt-Lorenz-Strom[28], was die Entwicklung der beiden Sprachfeinde wieder förderte.

---

[19] Vgl. Abend, a.a.O., S. 647
[20] Vgl. Abend, a.a.O., S. 649
[21] Vgl. Axt, a.a.O., S. 68
[22] http://www.michaelmaxwolf.de/normannen/einfuehrung/einfuehrung_normannen.html, 27.12.2014
[23] Axt, a.a.O., S. 68
[24] Vgl. Quaas, Enrico, Frankophonie – Eine Geschichte der Sprache und Identität in Québec, Norderstedt, 2006, S. 3
[25] Steilberg, a.a.O., S. 66
[26] Vgl. Steilberg, a.a.O., S. 38ff
[27] Vgl. Abend, a.a.O., S. 646
[28] Vgl. Axt, a.a.O., S. 68

Am Anfang des 17. Jahrhunderts hatten die Franzosen Kontakt mit den zwei konkurrierenden Indianergruppen, den Huronen[29], welche zum „Volksstamm der Irokesen-Sprachfamilie"[30] gezählt werden und den Algonkins.[29] Dies hatte Auswirkung auf das Französische, welche sich jedoch nur in Ortsbezeichnungen zeigte. Zum Beispiel wurde der Name Québec[29], was so viel heißt wie „wo der Flu[ss] enger wird"[31], aus der Algonkinsprache entnommen. Die Franzosen hatten auch mit den Inuit Kontakt. Diese entstanden Begriffe waren jedoch in der französischen Sprache schwer zu entziffern.[32]

Erst gegen 1600 kamen immer mehr Einwanderer nach Kanada[33], da die „politischen und religiösen Situationen in Frankreich"[34] es vorher verhinderten.

1608 wurde Québec (Stadt) durch Samuel de Champlain, welcher um 1600 als Kartograph engagiert wurde um die Handelswege zu erforschen, gegründet. Québec (Stadt) war die erste französische Ortschaft auf nordamerikanischem Boden.[35] Dennoch verläuft „die Bevölkerung der französischen Kolonien"[36] langsamer als die der englischen"[35,] was zur Folge hat, dass die englische Sprache in Kanada immer mehr Vorrang erhält. Die frankokanadische Bevölkerung ließ sich längs des Sankt-Lorenz-Stroms[37], welcher durch die Provinz Ontario, den Bundesstaat New York und Québec[38] fließt, nieder während sich die englische Bevölkerung auf Nordamerikas Ostküste fixierte.[37]

1628 unternahmen die Briten einen Angriff auf Québec.[39] Québec war nun für kurze Zeit britisches Eigentum. Jedoch ging die Provinz 1632 zurück nach Frankreich.[39]

1653 betrug die Bevölkerungsanzahl in Québec 2000.[40] Diese lag nach knapp 100 Jahren, 1765, bei 69810.[41] Das Französische mischte sich immer mehr mit der indianischen Sprache, woraus später auch ein Teil des kanadischen Französisch wurde. Ein weiterer Teil des, in der Zukunft existierenden, kanadischen Französisch sollte die Mischung aus dem Englischen und dem Französischen bilden.

1713 musste Frankreich viele Gebiete Kanadas an Großbritannien abgeben, da der Frieden von Utrecht dies vorschrieb. Dies sollte aber nicht so bleiben. Im French Indian War, 1754-1703, wurde Frankreich gestürzt und sämtliche Gebiete gingen an Großbritannien, da das französische Königshaus jegliche Anrechte in Nordamerika ablehnte. Alle Frankokanadier waren nun Bürger des Königs von Großbritannien.[42] Sie fühlten sich von Frankreich ausgeliefert. Zwischen 1759 und 1763, während des French Indian War, wurde die Zweisprachigkeit das erste Mal ausgeführt. Denn sowohl die Frankokanadier als auch die Anglokanadier waren dem Militär beigetreten. Es mussten zum Beispiel Anklageschriften in die Muttersprache des Empfängers übersetzt werden. Auch der Friedensvertrag 1763[43], in dem Frankreich seine Gebiete abgab[42], wurde bilingual verfasst.[43]

---

[29] Vgl. Quaas, a.a.O., S. 5
[30] http://www.indianerwww.de/indian/huronen.htm, 27.12.2014
[31] Quaas, a.a.O., S. 6
[32] Vgl. Quaas, a.a.O., S. 6
[33] Vgl. Steilberg, a.a.O., S. 64
[34] Quaas, a.a.O., S. 3
[35] Vgl. Steilberg, a.a.O., S. 38
[36] Steilberg, a.a.O., S. 38
[37] Vgl. Axt, a.a.O., S. 68
[38] http://quellebom.com/kategorie/wissenschaft/sankt-lorenz-strom.php, 27.12.2014
[39] Vgl. Steilberg, a.a.O., S. 68
[40] http://www.deutsch-linien.de/timeline_of_quebec_history_(1608%E2%80%9362), 28.12.2014
[41] http://deutsch-themen.de/timeline_of_quebec_history_(1760%E2%80%9390), 28.12.2014
[42] Vgl. Steilberg, a.a.O., S.66ff
[43] Vgl. Quaas, a.a.O., S. 6ff

3.3 Québec als Teil von Großbritannien (1763-1867)

Nachdem Großbritannien im Frieden von Paris unter anderem Québec eingenommen hat[44], konnten die Frankokanadier weder an Entscheidungsprozessen teilnehmen, noch waren sie mit den Anglokanadiern gleich berechtigt. Das Einkommen der Frankokanadier lag deutlich unter dem der Anglokanadier.[45] Noch dazu kam, dass immer mehr Briten und englischsprachige in ihr neu gewonnenes Gebiet einwanderten und dabei waren die französische Sprache langsam aus Québec zu eliminieren. Das englische Königshaus wollte das englische Erscheinungsbild in die französisch gehaltene Provinz integrieren. Somit wurde das englische Recht eingeführt und die katholische Kirche verlor ihr Ansehen und ihre Macht.[44] 1774 wurde eine Vereinbarung, die Québec-Akte, zwischen dem Vereinigtem Königreich und den Frankokanadiern verfasst, welche der Aufrechterhaltung der katholischen Kirche Gewähr leistete.[46] Außerdem versprach das Parlament des Vereinigten Königreichs[47] „den Frankokanadiern […] Mitspracherecht […], das Recht auf eigene Sprache […] und Kultur"[48]. Somit verbreitete sich die französische Sprache und die Zweisprachigkeit verstärkte sich erneut. Es war nicht zu verhindern, dass sich die beiden Sprachen, Englisch und Französisch, näher kommen und dass gegenseitig Lehnwörter entstehen[49], die dann auch später zum kanadischen Französisch gezählt werden.

Als 1789 in Frankreich die Französische Revolution ausbrach, war die letzte Hoffnung der Frankokanadier, dass ihr Mutterland einen Gegenangriff startet, dahin. Mit viel Mühe versuchten sie das frankokanadische Dasein zu schützen. Nach der Abwendung von Frankreich versuchten die Frankokanadier sich nicht zu sehr mit den Anglokanadiern zu vermischen und sich selbst mit ihrer katholischen Kirche und ihrer Sprache, welche immer mehr gefährdet wurde, treu zu bleiben. Die französische Bevölkerung Québecs erreichte während der Verteidigung ihrer Sprache unter anderem, dass die Zweisprachigkeit immer noch etabliert blieb und sich die englische Sprache nicht als einzige Sprache behaupten konnte.[50]

1791 wurde eine Teilung von Kanada in die Provinzen Oberkanada[51], welches hauptsächlich englischsprachig[52] war und Unterkanada[51], welches hauptsächlich französischsprachig war[52], vorgenommen. Ziel war es zwei komplett einsprachige Regionen zu erschaffen, eine französisch- und eine englischsprachige. Dies gelang nicht, weshalb man die Gebiete wieder vereinen wollte. Die Regierung machte sich aber erneut Gedanken über das Sprachproblem. Außerdem möchte das britische Parlament der französischen Sprache keine zulässige Grundlage zur Verfügung stellen. Bis zum 19. Jahrhundert war das Sprachproblem, Englisch und Französisch oder nur Englisch, nicht geklärt. Wenig später entschied sich die Regierung dafür, dass Englisch die alleinige Amtssprache wird.[51] Das war das Ende für die Zweisprachigkeit in Québec und somit auch für das Französische.

---

[44] Vgl. Steilberg, a.a.O., S. 67ff
[45] Vgl. Abend, a.a.O., S. 63
[46] Vgl. Axt, a.a.O., S. 68
[47] Vgl. Abend, a.a.O., S. 646
[48] Abend, a.a.O., S. 646
[49] Vgl. Quaas, a.a.O., S. 6
[50] Vgl. Quaas, a.a.O., S. 15f
[51] Vgl. Quaas, a.a.O., S. 5ff
[52] Vgl. Steilberg, a.a.O., S. 67

1838 sollte der Generalgouverneur Lord Durham die Umstände in Québec untersuchen. Er stellte unter anderem fest, dass es besser wäre wenn man aus Ober- und Unterkanada eine gemeinsame Provinz machen würde. Großbritannien fand diese Idee der Vereinigung nicht schlecht, da sie so die frankokanadischen Ruhestörer leicht zufrieden stellen konnten. 1841 wurden die beiden Provinzen[53] zur Provinz Kanada[54] zusammengelegt. Die Provinz Kanada wurde jetzt nicht mehr als Ober- und Unterkanada betitelt, sondern als Kanada-West und Kanada-Ost. 1858 wollte das Parlament noch weiter gehen und schlägt eine kanadische Konföderation vor. Die Staatsmacht gab aus Großbritannien ein paar Jahre später sein O.K. 1864 fanden sich Vertreter[53] „der beiden Kanadas, Neuschottlands, Neubraunschweigs, der Prince-Edward-Insel und Neufundlands"[55] für die Besprechung der Gestaltung der Konföderation zusammen.[53]

3.4 Québec als Teil der kanadischen Konföderation (1867-1931)

1867 trat Québec mit Ontario, Neubraunschweig und Neuschottland dem Dominion Kanada bei.[56] Die Unabhängigkeit von Kanada war hier noch nicht durch die Konföderation vertreten. Jeder Provinz stand ein individuelles Parlament zu.[56] Jedoch blieben „Außenpolitische Vertretung, Entscheidungen über Kriegserklärungen und Verfassungsänderung"[57] Sache von dem britischen Parlament.[56]

Es wurde vorgeschrieben, dass in speziellen Betrieben die Zweisprachigkeit vorhanden sein muss. Die französische Sprache breitete sich immer weiter aus.[58]

1890 kam es zur Schulfrage von Manitoba, einer Provinz in Kanada, welche ein Gesetz verordnete nach welchem die Förderung[59] „französischsprachiger katholischer Schulen"[60] beendet werden sollte, was Québec in großen Ärger und Wut versetzte. Der Oberste Gerichtshof fand dieses Gesetz nicht sinnreich und verbot es. Durch den frankokanadischen Premierminister Sir Wilfried Laurier blieb der bilinguale Unterricht an den Schulen bestehen[59], da er „ein[en] Kompromiß mit Manitoba"[61] schloss.

Um die Gleichberechtigung der frankophonen gegenüber den anglophonen Kanadiern, da eine Begünstigung jener herrschte, zu fördern wurden seit 1910 viele Sprachgesetze geschrieben. Es wurde zum Beispiel die Zweisprachigkeit im öffentlichen Verkehr, womit in Französisch und Englisch gehaltene Fahrkarten[62] und Hinweisschilder[63] gemeint waren, vorgeschrieben.[62]

Erneut kämpfte Québec mit Anglokanadiern auf Seiten Großbritanniens, jetzt von 1914-1918 im 1. Weltkrieg[64], wodurch sich die Zweisprachigkeit wieder nützlich zeigte.

---

[53] Vgl. Steilberg, a.a.O., S. 71ff
[54] Vgl. Abend, a.a.O., S. 647
[55] Steilberg, a.a.O., S. 73
[56] Vgl. Steilberg, a.a.O., 73f
[57] Steilberg, a.a.O., S. 73f
[58] Vgl. Quaas, a.a.O., S. 7ff
[59] Vgl. Steilberg, a.a.O., S. 76
[60] Steilberg, a.a.O., S. 76
[61] Steilberg, a.a.O., S. 76
[62] Vgl. Quaas, a.a.O., S. 7
[63] Vgl. Strauss, a.a.O., S. 3
[64] Vgl. Steilberg, a.a.O., S. 77

3.5 Québec als Teil des Staates Kanadas (seit 1931)

1931 wurde Kanada unabhängig, nachdem die Genehmigung aus London kam.[65] Mit der Hilfe von Maurice Duplessis, Gründer der Union Nationale in Québec, wurde der frankokanadische Nationalismus durch das Bekämpfen des restlichen englischsprachigen Kanadas verstärkt.[66] Durch diese Angriffe verbreitete sich die französische Sprache abermals.

Jean Lesage, der 1960 in Québec an die Macht kam, erreichte durch den Wunsch nach Selbstständigkeit der Frankophonen, dass man sich Gedanken um die Lösung des Sprachproblems machte.[67]

Die französische Sprache in Québec entwickelte sich ab 1960 durch das Engagement[68] „in internationalen Organisationen französischsprachiger Länder"[69] weiter. Dadurch wurde 1961 auch das Office québécois de la langue française ins Leben gerufen, welches bis zum heutigen Tag kontrollieren soll, dass das Französische erhalten bleibt.[68]

Als Elisabeth II., Königin von Großbritannien, 1964 die Provinz Québec besuchte, kam es zu Bekämpfungen auf den Straßen, was zur Folge hatte, dass die anglophone Bevölkerung aus Québec auswanderte.[70] Dies war ein großer Erfolg für die Frankokanadier und ihre französische Sprache. Denn sie hatten nun mehr Chancen auf dem Arbeitsmarkt und weniger Konkurrenz von Seiten der englischen Sprache.

Dadurch, dass Québec aus dem Bund auszutreten drohte wurde 1969 durch das Offizielle Sprachengesetz Kanadas, Kanada zweisprachig.[71] In diesem ist folgendes festgelegt:

«L'anglais et le français sont les langues officielles du Canada pour tout ce qui relève du Parlement et du gouvernement du Canada; elles ont un statut, des droits et des privilèges égaux quant à leur emploi dans toutes les institutions du Parlement et du gouvernement du Canada.»[72]

Alle Behörden und sämtliche Druckschriften mussten nun ins Französische übersetzt werden. Außerdem wurde Französisch Pflichtfach an allen Schulen Kanadas.[71]

Die Provinz hatte 1977 immer noch nicht genug und entwickelte das Loi 101, welches Französisch zur einzigen Amtssprache der Provinz Québec machte.[73] Das bewirkte, dass Bedienungsanleitungen, sowie Rechnungen in die französische Sprache übersetzt wurden.[74] Des Weiteren durften „nur noch diejenigen Kinder englischsprachigen Unterricht […] bekommen […], deren Eltern in Québec schon anglophon erzogen worden waren"[75]. Reklame[76], Straßennamen, sogar Firmennamen[77] waren ausschließlich in Französisch legal. Es wurden selbst Geld- und Freiheitsstrafen bei Nichteinhaltung verhängt.[76]

---

[65] Vgl. Steilberg, a.a.O., S. 80
[66] Vgl. Steilberg, a.a.O., S. 80
[67] Vgl. Abend, a.a.O., S. 63
[68] Vgl. Quaas, a.a.O., S. 7ff
[69] Quaas, a.a.O., S. 17
[70] Vgl. Abend, a.a.O., S. 63
[71] Vgl. Steilberg, a.a.O., S. 209
[72] Strauss, a.a.O., S. 12
[73] Vgl. Quaas, a.a.O., S. 8
[74] Vgl. Strauss, a.a.O., S. 13
[75] Steilberg, a.a.O., S. 84
[76] Vgl. Steilberg, a.a.O., S. 84
[77] Vgl. Abend, a.a.O., S. 64

Die französische Sprache erhielt immer mehr Anerkennung, was sich auch in dem 1982 erlassenem Charte canadienne des droits et libertés zeigt, nach welchem alle kanadischen Schüler, deren Muttersprache Französisch ist, eine französische Schulausbildung bekommen.[78] Von 1991 bis 2001 sank die Zahl der Muttersprachler um 0,5%. Auch in Zukunft wird diese Zahl weiter fallen. Der Grund für diese Abnahme sind erneut die Engländer, welche die Frankokanadier auf dem Arbeitsmarkt unterdrücken. Die einzige Möglichkeit für Frankokanadier ist das Erlernen von Englisch. Erziehungsberechtigte kennen die Gefahr und müssen sich für eine bilinguale, Englisch und Französisch, beziehungsweise eine monolinguale Erziehung, nur Englisch, entscheiden. Andererseits ist die Zahl der Französischbeherrschenden bis 2001 auf 94,6% gestiegen, da auch die englischsprachigen, in Québec lebenden Personen eine Karrierechance anstreben und so Französisch erlernen.[79]

Heute wird die Provinz Québec in den Rest von Nordamerika globalisiert und integriert. Dadurch ist die englische Sprache auch in manchen Teilen Québecs Zweitsprache in der Arbeitsstätte.[80]

4. Sprache

80% von der in Québec lebenden Bevölkerung spricht Französisch muttersprachlich. Nur 9% sind von den Personen vertreten, die Englisch muttersprachlich sprechen.[81] In Gesamt Kanada gibt es allerdings nur ein Fünftel französischsprechende und ganze zwei Drittel englischsprechende Muttersprachler.[82]

Schon seit 1759, während des French Indian War, stellte sich eine Zweisprachigkeit als nützlich heraus. Diese Zweisprachigkeit, bestehend aus Englisch und Französisch entwickelte sich immer mehr und seit 1969 ist die Zweisprachigkeit in Kanada gesetzlich geregelt. 1977 wurde die Provinz mit der französischen Sprache einsprachig. Heute ist sie zwar gesetzlich immer noch einsprachig, jedoch wird die Zweisprachigkeit genutzt.

4.1 Auswirkungen der Zweisprachigkeit

Das was in der Provinz auffällt sind eindeutig die ausländischen Firmenbezeichnungen, welche übersetzt wurden, die Straßen- und Hinweisschilder, die zweisprachig sind. Aber auch Webseiten sind zweisprachig gehalten.

Da Druckerzeugnisse auch zweisprachig gedruckt werden, wird mehr Druckertinte verbraucht.

Außerdem ist es zeitintensiver, einen Dolmetscher zu engagieren, welcher die Webseiten übersetzt.

Für Übersetzer sind zweisprachige Gegenden natürlich nicht unbedingt schlecht, jedoch ist es garantiert nicht leicht diesen Beruf ausüben zu können, da viele Stellen besetzt sein werden.

Aber wie denken Außenstehende über eine Zweisprachigkeit und wer spricht zwei Sprachen? Dazu ging ich unter anderem auf die Straßen Potsdams und befragte die Leute (s. Umfrage im Anhang).

---

[78] Vgl. Quaas, a.a.O., S. 8ff
[79] Vgl. Quaas, a.a.O., S. 19f
[80] Vgl. Quaas, a.a.O., S. 21
[81] Vgl. Strauss, a.a.O., S. 4
[82] Vgl. Steilberg, a.a.O., S. 65

Bei meiner Kontaktsuche zu Franko- und Anglokanadiern aus Québec im sozialen Netzwerk Facebook, stieß ich darauf, dass in Québec (Stadt) überwiegend französischsprachige Personen leben, welche auch Schulen beziehungsweise Betriebe mit französischen Namen besuchen. Es erscheint mir hier, als wären die Bewohner der Stadt Québec sehr auf ihr Französisches fixiert. Im knapp 230km Luftlinie[83] entfernten Montreal scheint die Zweisprachigkeit deutlich verbreiteter zu sein. Es leben dort zwar überwiegend englischsprachige Personen. Jedoch haben viele von ihnen französische Vornamen und englische Nachnamen oder umgekehrt. Außerdem verständigt man sich untereinander im sozialen Netzwerk sowohl mit Französisch als auch mit Englisch. Bedauerlicherweise erhielt ich keine Antwort von den französischsprachigen Personen, was an meinem, für sie, unverständlichen Schul-Französisch gelegen haben könnte. Diese Unterschiede des sogenannten Quebecer Französisch[84] und des normalen Französisch möchte ich im folgenden Abschnitt unter anderem darlegen.

4.2 Das kanadische Französisch

Das normale Französisch und das Quebecer Französisch, das kanadische Französisch, sind sich kaum ähnlich.[85] Die Frankokanadier haben sich im Laufe ihrer Existenz immer weiter von den Franzosen und ihrer Sprache abgegrenzt und bildeten Anglizismen und andere Differenzierungen vom Französisch.

Dadurch, dass die Frankokanadier immer mal wieder von den Anglokanadiern und ihrer englischen Sprache bedroht wurden und den Kontakt zu ihrer Muttersprache in Frankreich nicht sehr pflegten, mischte sich das kanadische Französisch mit dem Englischen und es kamen Anglizismen zu Stande.

Tab. 1 Anglizismen[86,87]

Quebecer Französisch	Englisch	Französisch in Frankreich	Deutsch
le char	the car	la voiture	das Auto
toffe	tough	dur	schwer
C'est cute.	That's cute.	C'est jolie.	Wie hübsch.
le tip	the tip	le pourboire	das Trinkgeld
la joke	the joke	la blague	der Witz
la break	the break	la pause	die Pause
splitter qc	to split sth	partager qc	etw zerteilen

Es entwickelten sich auch Lehnübersetzungen, Wort für Wort übersetzte Begriffe[88], aus der englischen Sprache.

---

[83] http://www.entfernungsrechner.net/de/distance/city/6077243/city/6325494, 30.12.2014
[84] Vgl. Völkl, Yvonne (Hrsg.)/Pallier, Verena, Quebec für EinsteigerInnen – Ein Handbuch von Studierenden für Studierende, Graz, 2009, S. 7
[85] Vgl. Völkl (Hrsg.)/Pallier, a.a.O., S. 7
[86] Vgl. Strauss, a.a.O., S. 3ff
[87] Völkl (Hrsg.)/Pallier, a.a.O., S. 9
[88] http://www.duden.de/rechtschreibung/Lehnuebersetzung, 31.12.2014

Tab. 2 Lehnübersetzungen aus dem Englischen[89,90]

Quebecer Französisch	Englisch	Französisch in Frankreich	Deutsch
le chien chaud	the Hot Dog	le hot-dog	der Hot Dog
le centre d'achat	shopping center	le centre commercial	das Einkaufszentrum
les surtemps	the overtime	les heures supplémentaires	die Überstunden
liqeuers douces	Softdrinks	les boissons sans alcool	alkoholfreie Getränke

Das Quebecer Französisch besitzt außerdem weibliche Formen von Substantiven, welche im Französischen so nicht existieren.

Tab. 3 Weibliche Formen[91]

Quebecer Französisch	Französisch in Frankreich	Deutsch
l'auteure	la femme auteur/l'auteur	die Autorin
la mairesse	la femme maire/le maire	die Bürgermeisterin
la première ministre	le premier ministre	die Premierministerin

Außerdem entwickelten die Frankokanadier eigene Begriffe, die so im Französischen nicht existieren. Pêche Blanche, was so viel heißt wie Eisfischen, kann durch die fehlende Vegetationsgrundlage in Frankreic nicht durchgeführt werden. «Nous rencontrons aux érablières!» Der Franzose würde sich wundern, was der Frankokanadier jetzt von ihm will. Denn die Franzosen kennen keine «érablières», die sogenannten Ahornplantagen.[92]

Selbst die Aussprache des kanadischen Französisch wendet sich von der des normalen Französisch ab. Anscheinend haben die Kanadier ein Problem mit der Nasalierung, denn entweder lassen sie sie komplett weg oder sie fügen einfach eine ein. So wird aus manger [mɑ̃ʒe][93] mager [maʒe], aus tante [tɑ̃t][94] tate [tat] und aus neige [nɛːʒ][95] wird neinge [nɛ̃ːʒ].[96,97] Die Frankokanadier schieben lautlich gerne ein „s" oder ein „z" vor die Konsonanten „t" und „d". Also wird daraus „ts" und „ds". Diese Besonderheit wird aber nur vor den vokalen Buchstaben „i" und „u" genutzt. «Qu'est-ce que tu dis?» [ty di][98,99] wird somit zu «Qu'est-ce que tzü dsi?» [tzy dzi].[100]

[89] Vgl. Strauss, a.a.O., S. 18 (auf Beispiele bezogen)
[90] Völkl (Hrsg.)/Pallier, a.a.O., S. 10 (auf Beispiele bezogen)
[91] Völkl (Hrsg.)/Pallier, a.a.O., S. 11 (auf Beispiele bezogen)
[92] Vgl. Völkl (Hrsg.)/Pallier, a.a.O., S. 10
[93] http://de.wiktionary.org/wiki/manger#manger_.28Franz.C3.B6sisch.29, 31.12.2014
[94] http://de.wiktionary.org/wiki/tante, 31.12.2014
[95] http://de.wiktionary.org/wiki/neige, 31.12.2014
[96] Vgl. Strauss, a.a.O., S. 14
[97] Es verändert sich nur die Aussprache, nicht die Schreibweise.
[98] http://de.wiktionary.org/wiki/tu#tu_.28Franz.C3.B6sisch.29, 31.12.2014
[99] http://de.wiktionary.org/wiki/dis, 31.12.2014

5. Fazit

Wenn man nur das Schul-Französisch erlernt hat, sollte man sich darauf vorbereiten, dass man in der Provinz Québec nicht alles versteht. Denn das kanadische Französisch ist mit dem normalen Französisch bis auf wenige Ausnahmen nicht vergleichbar. In Québec lebt man mit französisch-europäischem Standard, was mir auch durch ein Interview mit einer Besucherin dieser Provinz bestätigt wurde. Des Weiteren meint die Interviewte nichts von der Zweisprachigkeit mitbekommen zu haben. Es hängt davon ab wo sie sich aufhielt. Die Provinz Québec wechselte von der Mitte des 18. Jahrhundert bis heute immer wieder von einsprachig-Englisch zu zweisprachig, dann zu einsprachig-Französisch. Heute ist sowohl das Monolinguale mit Französisch als auch das Bilinguale vertreten. In Montreal ist die Zweisprachigkeit ohne Zweifel vorhanden und wird auch oft genutzt. In Québec (Stadt) jedoch, scheint das Bilinguale sich nicht durchsetzen zu können. Hier hat das Französische eindeutig Vorrang. Jedoch scheint es für bestimmte Personen kein Problem zu sein, eine neue Sprache zu erlernen, was mir durch eine Umfrage (s. Anhang) klar wurde.

---

[100] Vgl. Völkl (Hrsg.)/Pallier, a.a.O., S. 8

6. Anhang

Umfrage zur Provinz Québec und Zweisprachigkeit:

Die Umfrage wurde mit 50 Erwachsenen in Deutschland und den USA durchgeführt.

Frage 1: Kennen Sie die Provinz Québec in Kanada?

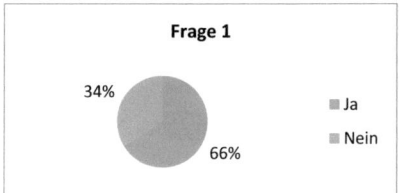

Frage 2: Was halten Sie insgesamt von einer Zweisprachigkeit in einer Region?

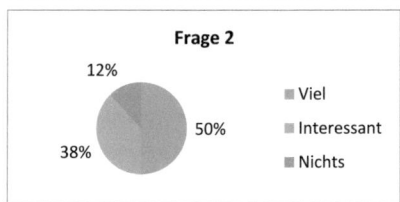

Frage 3: Wir setzen voraus. Ihr Heimatland ontwickelt sich bilingual. Würden sie die neue Sprache lernen?

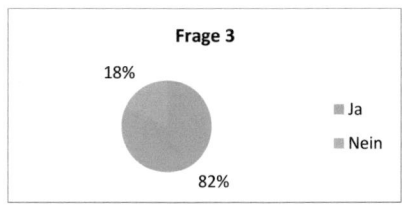

Frage 4.1: Können Sie zwei Sprachen fließend sprechen?

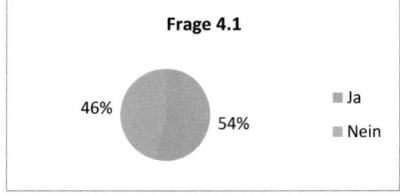

Frage 4.2: Wenn ja, welche? (Nur die wurden befragt, die bei 4.1 „Ja" sagten.)

Tab. 4 Sprachvorkommen

Sprache	Englisch	Russisch	Spanisch	Französisch	Italienisch	Bulgarisch	Chinesisch
Prozentzahl	78%	19%	11%	7%	4%	4%	4%

Aussage in Bezug auf Frage 4.1 und 4.2:

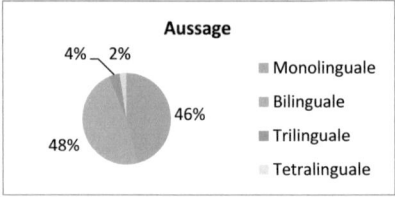

Auswertung:

100% aller befragten Amerikaner gaben bei Frage 1 „Ja" als Antwort und nur knapp 60% aller befragten Europäer. Dies könnte daran liegen, dass die Amerikaner eher mit der Provinz Québec zu tun haben als die Europäer. Amerika ist von Québec nicht so weit entfernt. Daher reisen auch eher die Amerikaner dort hin im Gegensatz zu den Europäern. Die Europäer haben zu der Provinz nicht wirklich einen Bezug, da sie vor Allem auf einem anderen Kontinent liegt. Dadurch, dass 82% der Befragten eine neue Sprache, bei Konfrontation mit dieser, erlernen würden, verstärkt sich erneut das Argument, dass die Zweisprachigkeit für Europäer und Amerikaner als Touristen und Einheimische kein Problem sein muss. Durch die Umfrage wurde auch deutlich, dass es schon viele Bi- bis Tetralinguale in Europa und Amerika gibt, was das eben genannte Argument intensiviert. Nicht verwunderlich ist das häufige Sprachvorkommen von 78% der Sprache Englisch, welche sich zur Weltsprache entwickelt hat. Nur 7% der Befragten sprachen fließend Französisch. Dies zeigt, dass die französische Sprache sich nicht gegen das Englische durchsetzen kann.

7. Literaturverzeichnis

Buchquellen:

Abend, Bernhard, Dr., Baumgarten, Monika I., Bickel, Annette und weitere, Allianz Reiseführer Kanada, 2. Auflage, Verlag Karl Baedeker, Ostfildern, 1993

Axt, Heinz-Jürgen, Dr., Baden, Thomas, Bartu, Friedemann, Dr. und weitere, Das Länderlexikon, 1. Auflage, Bertelsmann Lexikon Verlag GmbH, Gütersloh/München, 1999

Steilberg, Hays A., Dr., Chronik Handbuch Amerika, 1. Auflage, Chronik Verlag, Gütersloh/München, 1998

Quaas, Enrico, Frankophonie – Eine Geschichte der Sprache und Identität in Québec, 1. Auflage, Grin Verlag, Norderstedt, 2006

Strauss, Ralf, Zur Entwicklung der französischen Sprache in Kanada, 1. Auflage, Grin, Berlin, 1997

Völkl, Yvonne (Hrsg.)/Pallier, Verena, Quebec für EinsteigerInnen – Ein Handbuch von Studierenden für Studierende, 1. Auflage, Graz, 2009

DVD Quellen:

AIDAbella, Land in Sicht – Die schönsten Orte Ihrer Reise, AIDA Cruises (www.aida.de), 2014

Internetquellen:

http://www.ph-ludwigsburg.de/html/2b-frnz-s-01/overmann/baf4/quebec/geographie/geo2/Frameset_geographie.htm, 09.10.2014

http://www.michaelmaxwolf.de/normannen/einfuehrung/einfuehrung_normannen.html, 27.12.2014

http://www.indianerwww.de/indian/huronen.htm, 27.12.2014

http://quellebom.com/kategorie/wissenschaft/sankt-lorenz-strom.php, 27.12.2014

http://www.deutsch-linien.de/timeline_of_quebec_history_(1608%E2%80%9362), 28.12.2014

http://deutsch-themen.de/timeline_of_quebec_history_(1760%E2%80%9390), 28.12.2014

http://www.entfernungsrechner.net/de/distance/city/6077243/city/6325494, 30.12.2014

http://www.duden.de/rechtschreibung/Lehnuebersetzung, 31.12.2014

http://de.wiktionary.org/wiki/manger#manger_.28Franz.C3.B6sisch.29, 31.12.2014

http://de.wiktionary.org/wiki/tante, 31.12.2014

http://de.wiktionary.org/wiki/neige, 31.12.2014

http://de.wiktionary.org/wiki/tu#tu_.28Franz.C3.B6sisch.29, 31.12.2014

http://de.wiktionary.org/wiki/dis, 31.12.2014